• АКАДЕМИЯ ДОШКОЛЯТ •

Н. Павлова

МОСКВА
«МАХАОН»
2010

УДК 373.29
ББК 74.102я70
П12

Для чтения взрослыми детям

Павлова Наталья Николаевна

Классический букварь

Учебное пособие

Художник *Е. М. Володькина*

Руководитель проекта *О. Г. Хинн*
Ведущий редактор *Ю. Л. Колтановская*
Ответственный редактор *О. А. Самусенко*
Художественный редактор *А. А. Кучерова*
Макет, компьютерная вёрстка *А. А. Кучерова*
Дизайн обложки *Н. В. Яскина, Т. В. Долгая*
Корректоры *Т. С. Дмитриева, А. В. Дрозд*

Подписано в печать 10.06.2010. Бумага офсетная.
Формат 60х90 $^1/_8$. Гарнитура «Прагматика».
Печать офсетная. Усл. печ. л. 10,0.
Доп. тираж 10 000 экз. U-AD-4640-02-R. Заказ № 1580.

ООО «Издательская Группа Аттикус» –
обладатель товарного знака Machaon
119991, Москва, 5-й Донской проезд, д. 15, стр. 4
Тел. (495) 933-7600, факс (495) 933-7620
E-mail: sales@atticus-group.ru
Наш адрес в Интернете: www.atticus-group.ru

Отпечатано в соответствии с предоставленными материалами
в ЗАО «ИПК Парето-Принт», г. Тверь
www.pareto-print.ru

Павлова Н. Н.
П12 Классический букварь: Учебное пособие. – М.: Махаон, 2010. – 80 с.: ил. – (Академия дошколят).

ISBN 978-5-389-00828-1

Сегодня, поступая в школу, ребёнок должен не только уметь читать, но и владеть целой системой знаний, умений и навыков. Методика Н. Павловой поможет маленьким ученикам успешно освоить дошкольную программу. Эта книга – отличная возможность для ребёнка 5–7 лет через игру и чтение развить свои интеллектуальные способности, расширить кругозор и словарный запас. Её можно использовать в качестве дополнительного материала на уроках чтения в первом классе.

Для родителей, воспитателей детских садов, педагогов лицеев и гимназий.

УДК 373.29
ББК 74.102я70

© Павлова Н. Н., 2005
© Володькина Е. М., иллюстрации, 2009
© Макет. ООО «ОЛИСС», 2010
© ООО «Издательская Группа Аттикус», 2010
Machaon®

УВАЖАЕМЫЕ РОДИТЕЛИ!

Каждый из вас, конечно, понимает: чтобы успешно освоить школьную программу, вашему малышу нужно научиться читать ещё до поступления в школу. Наш «Букварь» поможет сделать обучение чтению интересным и увлекательным, а также будет способствовать расширению словарного запаса и развитию речевого слуха ребёнка. Книга будет полезна как старшим дошкольникам, так и первоклассникам (они смогут использовать её как дополнение к школьному учебнику).

Материал в «Букваре» расположен следующим образом: сначала ребёнок знакомится с понятиями **слово, предложение, слог, звук, ударение.** На страницах книги вам встретятся такие обозначения:

— слово (например, *мяч*)

— предложение из трёх слов (*Девочка поливает цветы.*)

— слово, состоящее из двух слогов (*реп-ка*)

— слово, состоящее из трёх слогов (*мо-ло-ток*)

— слово, состоящее из трёх слогов, второй слог ударный (*ко-ро́-ва*)

— слово, состоящее из трёх звуков и одного слога (*мак*)

— слово, состоящее из двух слогов, пяти звуков; в первом слоге три звука, во втором слоге два звука; ударение падает на первый слог (*су́м-ка*)

На странице 11 начинается **основной период обучения чтению.** Здесь ребёнок познакомится с **буквами,** обозначающими гласные и согласные звуки, научится читать **слоги, слова** и **целые предложения.** К имеющимся обозначениям добавятся такие:

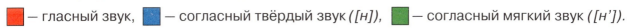 — гласный звук, — согласный твёрдый звук *([н]),* — согласный мягкий звук *([н']).*

При изучении каждой новой буквы советуем соблюдать определённую последовательность. Ребёнок должен:

— рассмотреть рисунки в верхней части страницы, произнести слова, обозначающие эти предметы;

— назвать первый звук в каждом из двух слов (при изучении букв **ы, ь, й** — последний звук; при изучении букв **е, ё, я, ю** — первые два звука *[й'э], [й'о], [й'а], [й'у], т. к. в начале слова эти буквы всегда обозначают два звука*);

— рассмотреть печатную букву, соотнести её с выделенным звуком;

— прочитать слоги с новой буквой; придумать слова, содержащие эти слоги;

— прочитать слова в столбиках; прочитать предложения (тексты).

Особые трудности при обучении грамоте вызывает чтение слогов-слияний (*ра, ми* и т. д.). Нужно с самого начала стремиться к тому, чтобы **единицей чтения был слог,** а не буква. Такой способ обеспечивает плавность и правильность чтения. Чтобы ребёнок правильно прочитал слог-слияние (например, *на*), ему нужно вспомнить, какой звук обозначает буква *н,* затем — какой звук обозначает буква *а,* и назвать слог *на* сразу, не делая паузы между звуками. Постоянно напоминайте малышу: «Посмотри на две буквы и читай сразу слог». В качестве повторения чаще читайте слоги-слияния с изученными ранее буквами. Чтобы ребёнку было легче научиться читать, многие слова в «Букваре» разделены дефисом на единицы чтения (например, *Ни-на*).

Текст заданий, данный мелким шрифтом, **предназначен для чтения взрослыми детям.**

Старайтесь проводить занятия в игровой форме. Помните, что для любого ребёнка естественны некоторые трудности при овладении навыком чтения и ваша задача – помочь малышу преодолеть эти трудности. Будьте терпеливы и доброжелательны, воспользуйтесь нашими рекомендациями — и очень скоро маленький ученик порадует вас умением хорошо читать.

Желаем успехов!

Назови нарисованные предметы. Покажи, как выглядит схема каждого слова.

Рассмотри рисунок и схему предложения. Придумай предложение из трёх слов.

Рассмотри рисунок, придумай предложения. Тебе помогут схемы.

Что ты видишь на рисунках? Сосчитай, сколько слогов в каждом слове. Рассмотри схемы слов.

Посмотри на схему и догадайся, что лежит в корзине: помидор, репка или кабачок.

Даша купила игрушки, названия которых состоят из двух слогов.
Паша купил игрушки, названия которых состоят из трёх слогов.
Какие игрушки купили дети?

Составь предложения по схемам.

Сколько слогов в каждом слове? Какой слог в каждом слове ты произносишь громче и сильнее других? Покажи ударный слог на схеме каждого слова.

Составь предложения по схемам.

Как называются эти птицы? Назови в каждом слове ударный слог, покажи его на схеме.

Как называются эти птицы? Подбери к словам нужные схемы.

Придумай рассказ по картинке.

Произнеси слово *мак* медленно. Какой звук ты слышишь в начале слова? Какой следующий звук? Назови последний звук в слове. Рассмотри схему слова *мак*. Назови остальные предметы, рассмотри схемы, назови каждый звук в каждом слове (например, [м], [а], [к]).

Сколько слов в предложении «Маша любит рисовать»?

Придумай предложение из трёх слов.

Сколько слогов в словах «Ваня», «Лариса», «мышь», «мышка»?

Придумай слово, в котором два слога. Придумай слово, в котором один слог.

Сколько звуков в словах «сыр», «каша», «масло»?

Назови первый звук в слове «ослик», в слове «слон» и в слове «крыса».

Назови последний звук в слове «гнездо», в слове «шалаш».

Помоги медвежонку перебраться на другой берег. Для этого выполни задания, написанные на дощечках, по порядку.

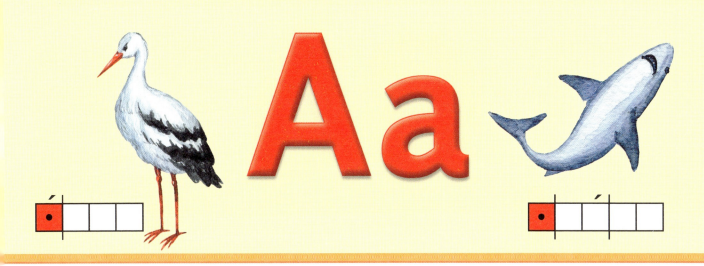

— А-а-а!

Придумай детям имена.

Оо

— О-о-о!

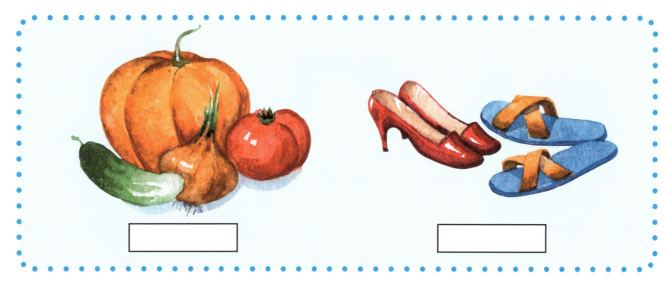

Назови одним словом изображённые предметы.

И и

Назови одним словом изображённые предметы.

Назови последний звук каждого слова.

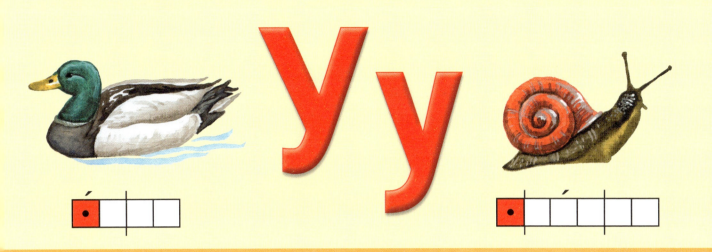

— У-у-у!   — Ау! Ау! Ау!

Кто нарисован на картинках? Найди первую букву каждого слова.

на	но	ни	ны	ну

он
о-на́
о-ни́

о-но́
Ни́-на
На́-на

И́н-на
Но́н-на
А́н-на

У Ани .

У Нины  .

И у Ин-ны  .

Сс

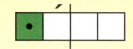

са	со	си	сы	су

сон	о-са́		са́-ни
сын	о́-сы		но-си́
нос	у-сы́		но-сы́

У нас и .

У Аси сани.

Ну и сани!

сос-на́ о-си́-на на-со́с
со́с-ны о-си́-ны на-со́-сы

— На, Нина. Носи!

У Сани на носу соус. Ну и ну!

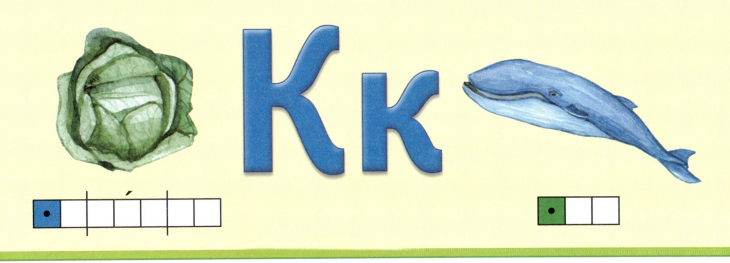

Кк

ка ко ку ки

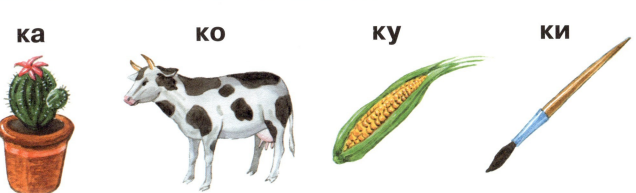

ко-са́ со́-ки сы-но́к
ки-но́ ок-но́ ко-ко́с
ко́-ни о́-ку-ни ка-ка́-о

У Нины какао.

У Сони сок.

И у Оксаны сок.

19

ку-со́к   кис-ка   со-си́с-ка
кус-ки́   кис-ки   со-си́с-ки

**Киска скок на окно.
– На, киска, сосиску!**

носки
носок

окно
окна

каска
каски

коса
косы

Прочитай слова, найди подходящие рисунки.

та   то   ти   ты   ту

так но-ты кус-ты́
тут си́-то ки́с-ти
ток ки-ты́ ко́с-ти

У Кати кот.
— Кис-кис! Ты тут?

КТО?
— Тук-тук!
— Тик-так!
— Ко-ко!
— Ку-ку!

ка́-тит танк ста-ка́н
но́-сит Стас ку́с-тик
ка-на́т стук Ни-ки́-та

У Никиты такси.
Стас катит танк.
А у Кости каток.

КТО ТУТ?

кит

ут-ка

а-ист

так-са

о-ку-ни

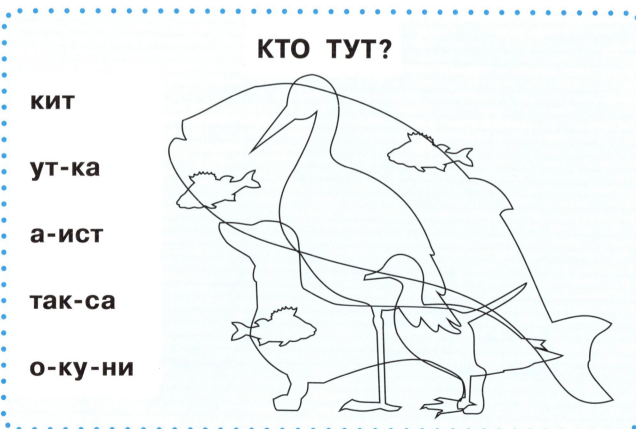

| ла | ло | ли | лы | лу |

лук　　　лу-на́　　　слон
лак　　　ли-са́　　　стол
лил　　　ло́-си　　　стул

У Толи лото. У Али кукла.
А ослик тут?
Он у Али или у Толи?

са-ла́т о́-ко-ло А́-лик
ко́-лос А-ли́-на ус-ну́л
ло́-тос ус-та́л кло́-ун

Кот Султан ус-тал.
Он ус-нул.
Лика ис-ка-ла кота.
А он – около стола.

но-си́л ка-ли́-на ла́с-тик
на-ли́л ло́-ко-ны ли́с-тик

Тут лист калины.

Тут лист осины.

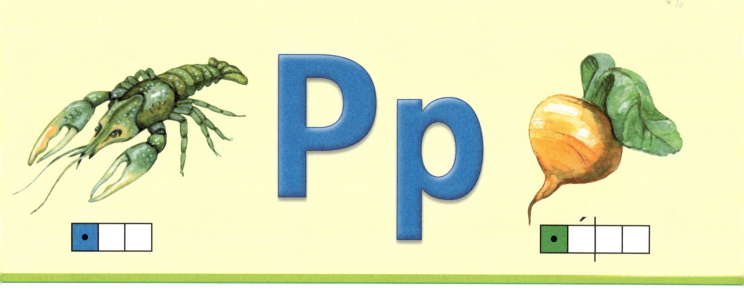

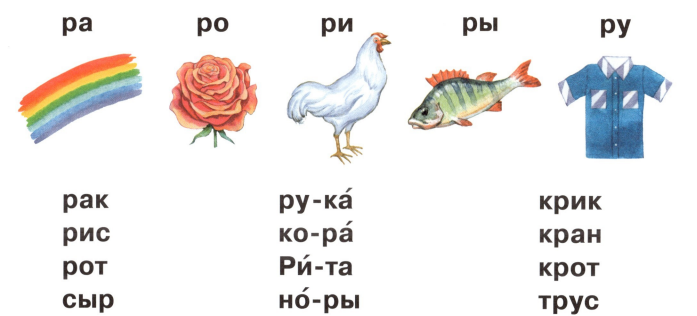

ра ро ри ры ру

рак	ру-ка́	крик
рис	ко-ра́	кран
рот	Ри́-та	крот
сыр	но́-ры	трус

Утро. Как рано!
У окна рас-тут и́-ри-сы.
Тут сыро от росы.

ка-ра-си́   ру-ло́-ны   кро́-лик
со-ро́-ка   кры-ло́   кра́-сил
ко-ры́-то   кры́-са   стро́-и-ла

Тут стол.
У Риты сыр и рис.

Тут конура.
У Ла́р-са кости.

А тут нора.
У крысы корки.

Тарас косил осоку.
Лара кра-си-ла калитку.
Артур стро-ил конуру.

Чьи инструменты ты видишь на рисунках?

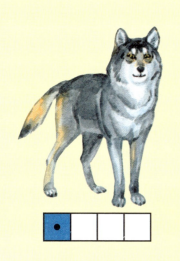

В в

ва во ви вы ву

ва́-та
со-ва́
ки́-ви
Во́-ва

ты́к-ва
ви́л-ка
вол-на́
ла́в-ка

во-ро́-та
ко-ро́-ва
вы-со-ко́
во́-ло-сы

У ивы Вова.
Он ловит раков.
— Вовик, как улов?
— Вот три рака.

27

сли́-ва	квас	ты́к-ва
сло́-во	вкус	ру-ка́в
тра-ва́	волк	ва-ра́н

Вика нар-ва-ла́ слив.
А вот киви и ананас.
— Вкусно, Слава?

во́-ло-сы	ста́-вит	но́-вос-ти
то-ва́-ры	вста́-ла	рав-ни́-на
ло-ви́-ли	свис-ти́т	во-рот-ни́к

Лиса вырыла нору.

Ворона свила  .

А крот? А сорока?

Ее

ел	Е́-ва	ро́-ет
е́-ла	е-но́т	но́-ет
е́-ли	е́с-ли	ла́-ет

Около ели Ева.
Ева ест крас-ны-е .

не се ке те ле ре ве

лес	се́-но	те́с-то
век	ле́-то	ве́т-ки
нет	ре-ка́	се́т-ка

ви	ри	ли	ти	ки	си	ни
ве	ре	ле	те	ке	се	не

29

Лé-на ко-ле-сó кá-тер
Сé-ва ра-кé-та вé-ник
Вé-ра вé-се-ло вé-тер

Вот и лето. Сева и Вера сели в катер. Весело на реке!

Кто?

Лает и кусает.
Кусает, но не лает.
Летает и каркает.
Летает, но не каркает.

свет-ло́	Е-ле́-на	вкус-не́-е
крéс-ло	о-ле́-ни	свет-ле́-е
клé-вер	у-ле-ти́т	ве-се-лé-е

В клетке серые кролики. Все они такие толс-ты-е, такие слав-ны-е!

— Лена, а кролик ест сыр?
— Нет, тыква и салат вкуснее. А если нет тыквы, то кролик ест ветки.

вен ☐ к   у   о

сл ☐ ва   а   и

Догадайся, какие буквы потерялись.

П п

| па | по | пи | пы | пу | пе |

пар		па́-па		плыл
пел		пи-ла́		спит
пол		по́-ни		трап

Кира купила рис, ка-пус-ту, укроп. Она варит суп. Суп кипит. Около плиты пар.

то-пор	кеп-ка	ло-па-та
по́-вар	пес-ни	по-ло-са́
пи-ло́т	ка́п-ли	па́-се-ка

У По-ли-ны ноты.
Пав-лик пел песни.

па-у́к	ко-па́л	ку-пи́-ли
па-у-ки́	со-пе́л	ки-пе́-ли
па-у-ти́-на	ус-пе́л	ку-па́-ли

Паук ткал свои сети.
Кто попал в паутину?
Та-ра-кан!

Рекс спит в кресле.
Тут тепло.

трап	при-ве́т	ка-пи-та́н
карп	плы́-ли	пи-ра́ты
плот	пор-ва́л	уп-лы́-ли

— Привет, капитан! Какие но-вос-ти?
— Плыву в порт, папа. На нас напали пираты! Порвали парус. Украли трап. Кот Пуп-сик упал в океан. Алик спас Пупсика.
— А пираты?
— Уплыли на плоту.

тапки	на столе
топор	на полу
вилки	в сарае

Где должны лежать вещи? Наведи порядок.

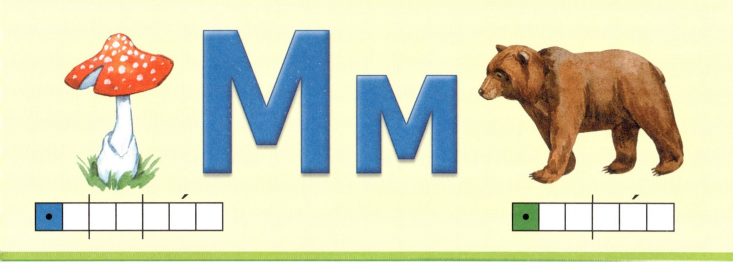

ма мо  ми  мы  му ме

ма́-ма   ми-ну́-та   ма́с-ка
мы́-ла   ли-мо́-ны   Му́р-ка
му-ка́   Та-ма́-ра   су́м-ка

Мама купила молоко и масло.
Мила налила в миску молоко.
Мурка попила, а потом уснула.

сом	Ма-ра́т	мост
мак	ту-ма́н	морс
мир	ко-ма́р	март

У Симы малина.
Сима сама варит морс.

мо́-ре	мет-ро́	мо-не́-та
мел	ме́с-то	ме-те́-ли
мост	мет-ла́	ком-по́т

Лена и Марат рисовали мелом.
Тут алые маки. Там синее море.

смо-ла́	ком-по́т	ко-ме́-та
сме́-ло	ма́с-тер	ле-те́-ли
смот-ри́	ко́с-мос	ло-ма́-ли

Вот ракета. Мы летим в космос.
— Рома, смот-ри, комета!
— А там планета Марс.

Догадайся, какие буквы потерялись.

 # З з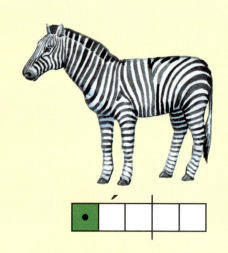

за	зо	зи	зы	зу	зе

ко-за́
ро́-зы
Зи́-на

зонт
вниз
звук

за-но́-за
зо́-ло-то
ми-мо́-зы

У Лизы мимозы. Она ставит мимозы в вазу. А папа купил розы.

мо-ро́з   зве́-ри   пол-зу́т
за́-мок   зво-но́к   ска́з-ка
ма́-зал   зна́-ли   зе́р-ка-ло
за-ка́т   злы́-е   ал-ма́-зы

Зима. Мороз на-ри-со-вал на окне у-зо-ры. Утром узоры про-па-ли. А по стеклу ползут вниз кап-ли.

После осени – зима. После зимы – весна. После весны – лето. А потом?

Бб

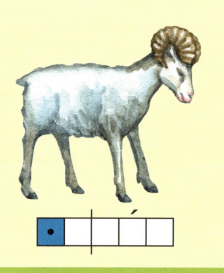

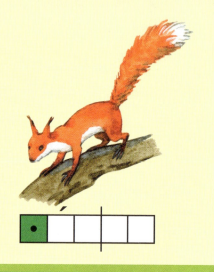

ба	бо	би	бы	бу	бе

бык	бо-бы́	Бо-ри́с
бок	бы́-ли	ку́-бик
зуб	бу́-сы	бу́-бен
бал	ры́-ба	ре́-бус

Борис полез на забор и упал. Он разбил себе лоб. Лоб болит. Мама купила Боре бинт.

боб-ры́   за-бо́-та   аб-ри-ко́с
бе́л-ка   за-бы́-ли   заб-ра́-ли
зе́б-ра   би-ле́-ты   ба-ра́н-ка

Небо было си́ним. Об-ла-ка были бе-лы-ми. Пока Марк рисовал, небо стало розовым, а облака – зо-ло-ты-ми. Вот и закат.

Волк, кабан, лиса – звери.

Сом, карп, сазан – рыбы.

Бубен, барабан, труба – ☐.

☐, ☐, ☐ – злаки.

зубр	а́з-бу-ка	бо-ро-ви́к
брат	ар-бу́-зы	бо-ти́-нок
бокс	уб-ра́-ли	се-реб-ро́

У Антона «Азбука» и кубики. Антон знает буквы. Какие слова он собрал?

Кто тут?

На бал-ко-не бо-лон-ка Барби. За за-бо-ром такса Бубсик. В конуре Бобик.

  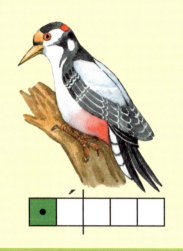

да	до	ди	ды	ду	де

дуб   во-да́   де́-ре-во
сад   де́-ло   да-ле-ко́
дым   ды-ра́   бо-ро-да́

— Мама, на дереве дыра!
— Не дыра, а дупло. Там дом белки.

труд	дро-ва́	ту-да́
о-бе́д	тру-ды́	от-ту́-да
кедр	дра́-ка	рас-са́-да

За домом пруд. Дети носили оттуда воду. У Вадима два ведра. У Лады бидон. И вот кадка полна. Лада по-ли-ла рас-са-ду.

Дима дарит Дине дыни.

За садом дом. Над домом дым.

Прочитай и выучи скороговорки.

дли-на́ до́б-ры-е за-бо-да́л
ста́-до бо́д-ры-е по-са-ди́л
вда-ли́ бе́д-ны-е по-да-ри́л

Данила и Денис удили рыбу. Подул ветер. Упали первые капли. А до дома далеко.

— Денис, вон дуб! Ско-ре-е туда!

Ветки дуба как зонт. Дети совсем не намокли.

Назови од-ним словом.

Помидор, редис, лук — ☐ .

Тетерев, дрозд, удод — ☐ .

 # Я я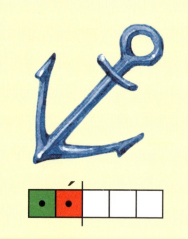

Я́-на	яд-ро́	по́-яс
Зо́-я	я́р-ко	ди́-ка-я
я́-ма	я-зы́к	кис-ла́-я
Ра́-я	я́с-но	тво-я́

Яна – моя сестра. Я и Яна летом были на море. Там мы видели маяк. Он светит ярко-ярко.

| ма | ла | да | та | ба | на |
| мя | ля | дя | тя | бя | ня |

дя́-дя дя́-тел ре-бя́-та
ня́-ня мо-ря́к ко-тя́-та
ды́-ня ма-ля́р у-тя́-та
мя́-та зем-ля́ сло-ня́-та

| са | за | ва | па | ра |
| ся | зя | вя | пя | ря |

Дядя Митя – моряк. Он пла-ва-ет на ко-раб-ле «Заря». От дяди Мити ребята узнали про я-ко-ря, океаны, бури.

я́б-ло-ко пря́-ник по-ля́-на
я́б-ло-ня зя́б-лик за-ря́д-ка

Вот дикая яблоня. Она вы-росла не в саду, а на поляне. Рядом дубы и осины. На яблоне висят мелкие кислые яблоки.

Прямо за забором лес. Там растут мас-ля-та. У меня пол-на-я корзина маслят.

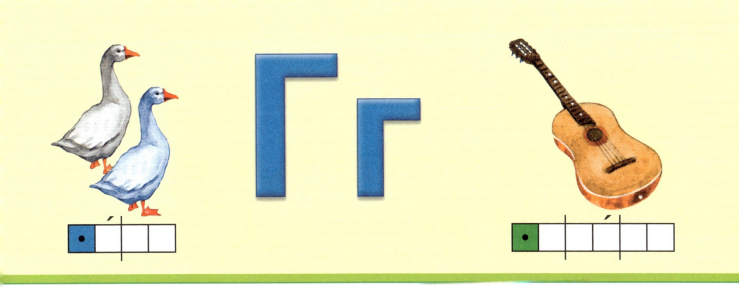

го-ра́	до-ро́-га	гром
но́-ги	гу-де́-ли	гро́м-ко
гу́-си	гу-ля́-ли	гро́м-ки-е

Мы гуляем около дороги. Вот едет по-езд. Он громко гудит. Бегут мимо нас го-лу-бы-е вагоны.

49

га-ма́к   глаз   гро-за́
пи-ро́г   снег   гла-за́

Де-ти иг-ра-ли в прят-ки.
Е-гор под деревом.
Галя за углом дома.
А где Вася? Где Катя?

кни́-ги   гра́б-ли   гря́д-ки
гли́-на   гря́з-но   гво́з-ди

У Гены в порядке
И газон, и грядки.
Он полил укроп и мак,
Взял газету – и в гамак!

гло́-бус　　　　бер-ло́-га　　　　до́л-ги-е
го-ро-да́　　　　и-го́л-ки　　　　гла́в-ны-е

Коле купили глобус. Коля знает разные страны. Вот Рос-си́-я. Вот А́нг-ли-я. А тут Я-по́-ни-я. Папа показал Коле главные города России.

У медведя берлога.
Барсук роет нору.
А кто лепит гнездо из глины?
Кто строит дом из иголок ели?

ча	чо	чу	чи	че

час		чу́-до		ка-че́-ли
меч		ча-сы́		че-ты́-ре
луч		ту́-чи		чи́с-ла

А-неч-ка учит брата Рому:
– Вот числа: один, два, три, четыре... А потом?

ка-ла́ч	ре́ч-ка	чер-ни́-ка
че́-рез	ту́ч-ка	ба́-боч-ка
ча́с-то	Ча́р-ли	ов-ча́р-ка

На даче.

Рядом с домом речка И́ст-ра. Вода в речке чистая-чистая. У де-во-чек мяч. Овчарка Чарли на берегу го-ня-ет ба-бо-чек. А я несу удочки. Тут от-лич-но-е место для рыбалки.

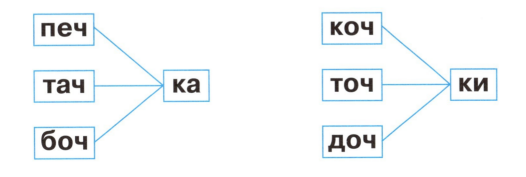

чи́с-то	ску-ча́л	на́-чал
чис-то-та́	ску́ч-но	на-ча́-ло
чи́с-ты-е	ску́ч-ны-е	на-чи-на́-ет
чи́с-ти-ли	ску-ча́-ет	сна-ча́-ла

Не скучает Ира. У И-роч-ки много дел.

Сначала она чистила свои бо-ти-ноч-ки. Потом под-ме-та-ла пол. В ком-на-те стало чисто. А после Ирочка читала «Азбуку».

Ира – Ирочка		лимон – лимончик
Лена – Леночка		вагон – вагончик
Нина –		банан –
Дима –		кабан –
Рома –		талон –

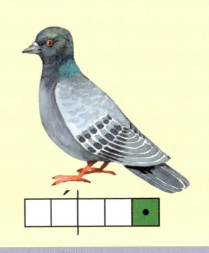

нь   сь   ть   ль   рь   пь   мь   зь   бь   гь   дь

день	пыль	о-ле́нь
лось	конь	о-го́нь
ночь	мазь	о́-бувь

Па́па пи́лит дрова́.
Ми́тя помога́ет пили́ть.

Пи́лу пора́ точи́ть.
Дя́дя Глеб то́чит пилу́.

но́-сит	ру́-бит	ве́-рит
но-си́ть	ру-би́ть	ве́-рить

В лесу́ опя́ть
полно́   опя́т.

Прочитай и выучи скороговорку.

ко-ро́ль	го́-лубь	врозь
ко́-рень	ка-ра́сь	дверь
ле́-бедь	ки-се́ль	брысь
ме́-лочь	то́-поль	спать

Коля гости́т в деревне. Там есть конь Буран. Весь день конь возит сено. А потом Коля и Буран едут на озеро. Коле очень нра-вит-ся купать и кормить коня.

| не нь | ри рь | се сь | ди дь | зе зь | ти ть |

Ветер поднял пыль.
У дороги пыль-но.

На поляне пень.
Мы сели на пень-ки́.

день	конь	гусь
день-ки́	конь-ки́	гусь-ко́м

Нас-та-ли зим-ни-е деньки. Ярко горят о-гонь-ки на катке. Ольга, Игорь и Толя на-де-ли коньки. Дети едут по льду гуськом. Вдруг Ольга упала. Маль-чи-ки по-мог-ли Оле встать.

— Тебе больно?
— Чуть-чуть. Едем опять!

| ша | шо | шу | ши | ше |

шум	шу́-ба	шур-ши́т
шар	ка́-ша	слы́-шит
душ	ши́-ны	спе-ши́т
ше-я	мы́-ши	да́ль-ше

Мыши шуршат, птички шумят, мышата спешат. А наш Пушок и не слышит. Он наелся каши и спит.

шо́р-ты ши-пи́т ре-ши́-ла
ши́ш-ка ме-шо́к ши-ро-ко́
ша́ш-ки ды́-шит ба́-буш-ка

У куклы Даши мало нарядов.

— Буду шить Даше шорты, — решила Ириша.

Она шила весь вечер. Бабушка взяла шорты и говорит:

— Ну и штаны! Очень широкие. Пришлось отдать шорты мишке.

Что тут лиш-не-е?

шуба   шапка   пальто   рубашка

ла́н-ды-ши   ши-по́в-ник   шо-ко-ла́д
ло-ша́д-ка   ка-ран-да́ш   каш-та́-ны
иг-ру́ш-ка   ват-ру́ш-ки   смеш-ны́-е

Миша и Шурик пришли в парк. У пруда растут боль-ши-е каш-таны. Под ними в траве плоды – каш-тан-чи-ки.

Чуть дальше – сосны и ели. Дети нашли шишки. Дома ребята сделали смеш-ны-е игрушки.

| жа | жо | жу | жи | же |

жук	лу́-жа		у́-жин	
жил	жа́-ба		да́-же	
жар	жи́-ли		джем	
нож	же-ле́		ждут	

У лужи сидит жаба.
Она жа-лу-ет-ся:
— У-жи-нать пора.
Где же мошки и жуки?
Я уже устала ждать!

| жа ша | шо жо | жу шу | ши жи | же ше |

61

лы́-жи сне-жо́к жа́р-ко
лы́ж-ник сне́ж-на-я жа́р-ки-е

Лы́жник.

Женя взял лыжи и по-бе-жал в парк. Тут лыжня́. Женя быстро едет между соснами. Блестит снежок. Сегодня мороз, а Жене даже жарко.

Вот снежок.

Тут тоже Снежок.

 # Ёё

ёж	ёл-ка	по-ёт
ё-жик	ё-лоч-ка	тво-ё
ё-жи-ки	ё-лоч-ки	сво-ё

Возле ёлки на поляне
Ёж играет на баяне.
Мышка песенку поёт,
Пляшут белка и енот.

но	ло	во	то	со	бо
нё	лё	вё	тё	сё	бё

лёд ко-вёр бе-рё-за
мёд не-сёт кос-тёр
пёс ве-дёт Се-рё-жа

Лето на море.

Тут так чу-дес-но! Вдали видны тёмные у-тё-сы. Тёп-ло-е море шумит у ног. Летят со-лё-ны-е брыз-ги. Лёня нашёл на берегу красивые ка-меш-ки.

Ёлка всегда зелёная. А клён? А берёза?

мой	клей	са-ра́й
пой	у́-лей	ге-ро́й
май	ай-ва́	ру-че́й

День рож-де-ни-я.

Сергей позвал гостей: Алёну, Лёшу, Артёма.

— Пейте чай, ребята! Вот виш-нё-вый пирог. Он очень вкусный. Тут джем из айвы и шо-ко-лад-ный торт. На торте семь све-чек.

— Дуй сильней, Серёжа! — гово-рят ребята.

ша́й-ба	у-ро-жа́й	во-ро-бе́й
за́й-чик	ка-ра-ва́й	по-пу-га́й
ли-не́й-ка	Ни-ко-ла́й	му-ра-ве́й

Чей наряд луч-ше?

— Такой яркой шубы ни у кого нет! Мой наряд самый красивый.

— А мой — самый тёплый! Он меня зимой в сильный мороз спа-сает.

— Зато мой наряд самый кол-кий. Так и знайте!

ник   чай ☐   тай ☐
ка   лей ☐   гай ☐

Какие слоги потерялись?

Х х

| ха | хо | ху | хе | хи |

хлеб	хо́-бот	хва́-лит
смех	оль-ха́	гро-хо́-чет
хво́-я	са́-хар	хлы́-нул

— Бах! Ба-бах! — гро-хо-чет гром. Хлынул дождик. Где в чистом поле ук-рыть-ся? Да под ло-пу-хом! Всех лопух спрятал. Тут и хомяк, и е-жи-ха, и зайчик.

Заходи и ты, мышка, об-со́х-ни. Ме́ста хватит.

67

хо-хо-ло́к   хи́т-ры-е   хро-ма́-ет
ху-ли-га́н   пло-ха́-я   хло́-па-ет
о-хо́т-ник   хи-хи́-ка-ет хра́б-рый

У нас есть попугай Гоша. Хвост у него зелёный, крылышки – жёлтые. На голове – хо-хо-лок.

Летом мы по-е-ха-ли на дачу. Там Гоша выучил голоса разных животных. С тех пор он умеет мычать не хуже коровы. А поёт теперь Гоша как петух.

Ю́-ля юн-га по-ю́т
Ю́-ра ю́р-та ка-ю́-та
ю-ла́ ю́б-ка ша-га́-ют

Во дворе играют Юля и Яна. У них юла. Егор и Юра катают машинки по краю клумбы.
— Прокатите и мою куклу Зою! — просит их Юля.

| лу | ту | су | ру | ну |
| лю | тю | сю | рю | ню |

лю́-ди	и-зю́м	ин-дю́к
пи-лю́	у-тю́г	са-лю́т
Лю́-ся	и-ю́нь	крю-чо́к

Полезную ягоду клюкву знают все. Люди собирают её на болоте. Из клюквы делают кисель и морс. Да и птички тоже любят кислую ягодку.

Удивлю сестрёнку Варю:
Сладких пончиков нажарю.
Вот с изюмом плюшки
Для моей Варюшки.

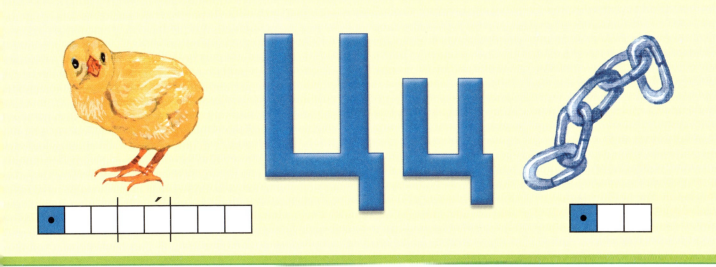

Цц

| ца | цо | цу | цы | це | ци |

ли-цо́	ца́п-ля	ца-ри́-ца
ов-ца́	та́н-цы	ко-пы́т-це
цирк	пе́-рец	но́ж-ни-цы
цепь	ме́-сяц	а-ка́-ци-я

Наступил месяц март. Скоро прилетят с юга птицы. Илюша и Костя трудились целый день. Наконец дом для скворцов готов. Они выведут в нём птенцов.

цве-то́к   у́м-ни-ца   цып-лё-нок
тан-цо́р   о-гу-ре́ц   пу́-го-ви-ца
коль-цо́   цир-ка-чи́   мо-ло-де́ц

Юра гостил у бабушки в Москве. Москва – столица России. Тут красивые улицы и бульвары. В парках много цветов. Юра ходил в театр и цирк. А в Кремле он видел Царь-пушку и Царь-колокол.

Миша живёт в городе Ли́пецке. Аня живёт в селе Кольцо́во. А в каком городе, на какой улице живёшь ты?

это	эк-ра́н	по-э́т
эхо	э-та-жи́	э́-тот

Это наш дом. В нём пять этажей. На каждом этаже живут мои приятели. Элла – на первом этаже. На втором – Саша. Над Сашей – Эдик. Эльвира живёт на четвёртом этаже. А на пятом этаже живу я.

эс-ки-мо́ эв-ка-ли́пт эс-ка-ла́-тор
эс-ки-мо́с эк-ва́-тор экс-ка-ва́-тор

На этом месте строят дом. Экскаватор роет яму. Самосвал увозит землю.

А для чего нужны эти машины? Какую работу они выполняют на стройке?

Щщ

| ща | щу | що | ще | щи |

щу́-ка	щип-цы́	борщ
ле-щи́	щёп-ка	плащ
ча́-ща	щёт-ка	клещ

У щенка Чапы много дел. Вот он тащит в зубах щётку. Щётка щекочет щенку нос.

А что в ящике стола? Полез Чапка в щель и прищемил лапу. Пищит щенок, жалуется.

ще-по́т-ка	жи-ли́-ще	ки-пя́-щий
ще-бён-ка	у-го-ща́л	ши-пя́-щий
ще-ко́т-ка	о́-во-щи	бе-гу́-щий

Мама учит меня готовить:
— Положи в кипящую воду овощи: лук, картошку, щаве́ль. Добавь ещё ще-пот-ку соли. Вот и готовы щи.

Ест папа щи из щавеля и хвалит:
— Ну, Катя, ты настоящий повар! Чаще угощай нас щами и борщом.

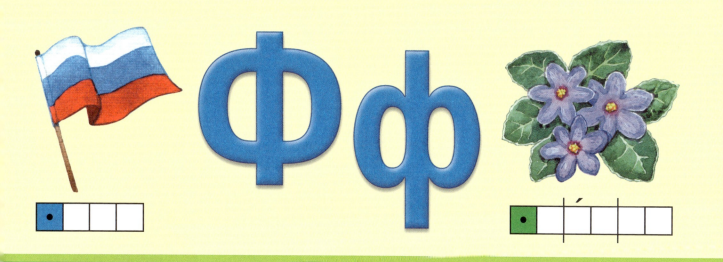

фа фо фу фы фи фе фё

фи́-лин шарф фон-та́н
фо́-кус флаг фи-а́л-ка
фа-за́н флот фев-ра́ль

Федя и Фаина пришли в цирк. Кругом флажки и яркие афиши. Под звуки фанфар на арену вышел фокусник. Он превратил голубя в букет фиалок. А слонята Фунтик и Фантик играли в футбол.

фо́р-ма   фа-не́-ра   са-ра-фа́н
ту́ф-ли   фи́-ни-ки   те-ле-фо́н
ко́ф-та   фар-фо́р   фо́р-точ-ка
шо-фёр   жи-ра́-фы   сал-фе́т-ки

— Да тут только фантики! А где же конфе́ты? Это твои проделки, Федо́ра?

Кошка Федора фыркнула:
— Фи, что за фантазии! Это у щенка Фили надо спросить. Он за шкафом прячется.

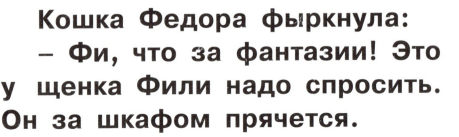

Ь

перо́ – пе́рья
лист – ли́стья
стул – сту́лья

о́сень – о́сенью
солове́й – соловьи́
ко́лос – коло́сья

У забора ель.
Под елью шишки.

Звенят ручьи. На деревьях появились листья. Под нашим окном слышны птичьи голоса. Это купаются в луже воробьи. Они бьют крыльями по воде. Вот это веселье!

éхал
съéхал
отъéхал
объяви́л

Ъ

подъéзд
отъéзд
подъём
съёжился

— Смотри, смотри, белка несёт гриб на дерево! Почему она его не ест?

— Белочка высушит гриб и съест его зимой, — объяснила бабушка Дарья.

Выучи алфавит.

Аа Бб Вв Гг Дд Ее Ёё Жж
Зз Ии Йй Кк Лл Мм Нн Оо
Пп Рр Сс Тт Уу Фф Хх Цц
Чч Шш Щщ ъ ы ь Ээ Юю Яя